中华爱国人物故事

ZHONGHUA AIGUO RENWU GUSHI

推进民族大融合的
改革者孝文帝

刘文辉　编著

吉林人民出版社

图书在版编目(CIP)数据

推进民族大融合的改革者孝文帝 / 刘文辉编著. --
长春 : 吉林人民出版社, 2011.5
(中华爱国人物故事)
ISBN 978-7-206-07891-0

Ⅰ.①推… Ⅱ.①刘… Ⅲ.①魏孝文帝(467~499)
–生平事迹 Ⅳ.①K827=392

中国版本图书馆 CIP 数据核字(2011)第 075808 号

推进民族大融合的改革者孝文帝

TUIJIN MINZU DARONGHE DE GAIGEZHE XIAOWENDI

编　　著 :刘文辉

责任编辑 :王一莉　程世博　　　　封面设计 :七　洱

吉林人民出版社出版 发行(长春市人民大街 7548 号　邮政编码 :130022)

印　　刷 :鸿鹄(唐山)印务有限公司

开　　本 :670mm×950mm　　　　1/16

印　　张 :8　　　　　　　　字　　数 :70 千字

标准书号 :ISBN 978-7-206-07891-0

版　　次 :2011 年 5 月第 1 版　　印　　次 :2021 年 8 月第 3 次印刷

定　　价 :35.00 元

如发现印装质量问题,影响阅读,请与出版社联系调换。

总　序

胡维革

《中华爱国人物故事》是一套故事丛书。它汇集了我国历史上80位古圣先贤、民族英雄、志士仁人、革命领袖、先进模范人物的生动感人史迹，表现了作为中华民族优秀传统的伟大的爱国主义精神。

爱国主义是人们对于"生于斯、长于斯、衣食于斯"的祖国的一种神圣感情，是人们对于自己民族的一种强烈的责任感和使命感，是感召和激励整个中华民族的一面永不褪色的旗帜。在漫长的历史上，爱国主义一直激励着中华儿女为祖国的独立、统一、进步和繁荣而英勇奋斗。从伟大的思想家教育家孔子到统一全国的千古一帝秦始皇，从秉笔直书著《史记》的司马

迁到鞠躬尽瘁死而后已的诸葛亮，从伟大的浪漫主义诗人李白到精忠报国的民族英雄岳飞，从七下西洋传播友谊的郑和到抗击倭寇的民族英雄戚继光，从苟利国家生死以的林则徐到为变法流血的第一人谭嗣同，从威震敌胆的抗联将军杨靖宇到人民音乐家聂耳与冼星海，从踏遍青山人未老的李四光到万婴之母林巧稚，从县委书记的好榜样焦裕禄到情系雪域献身高原的孔繁森……都表现出了强烈的爱国主义精神。正是由于热爱祖国的人们前仆后继地奋斗，国家和民族才得以生存，历经一次次历史危急关头而能转危为安，走向兴盛和富强，从而屹立于世界民族之林。爱国主义是鼓舞中华儿女历经忧患、跨越沧桑、百折不挠、自强不息的伟大力量，它贯穿于中华民族的整个历史，并有力地凝聚着五洲四海的中国人。

爱国主义是一个历史的范畴,在社会发展的不同阶段、不同时期有着不同的具体内容。革命时期,需要我们为祖国的独立自主出生入死;建设时期,需要我们为祖国的繁荣富强增砖添瓦;在全国各族人民团结一心建设富强、民主、文明、和谐的社会主义现代化国家的今天,我们要争做一名新时期的爱国者。新时期的爱国者要有强烈的民族自尊心和自豪感。民族自尊心和自豪感是任何时期任何爱国者都必须具备的情感。民族自尊心能增强我们自立向上的恒心,民族自豪感能树立我们建设祖国的信心。要树立"祖国高于一切"的崇高信念,为了祖国和人民的利益不惜抛却个人的利益,甚至不惜牺牲个人的生命。要树立终身学习的理念,拓

宽自己的知识面,广泛吸收新知识新技术,完善
自身的知识结构,更新学习知识的方法与理念,
从思想上、知识上充分武装自己,为祖国的繁荣
昌盛贡献力量。

爱国主义思想的继承和发扬,是关系到民
族盛衰、国家兴亡的根本问题。一代代人爱国
主义思想情操的形成,需要不断地培养。培养
爱国主义的一个重要途径是向爱国主义的英雄
人物和典范事迹学习。这套丛书的出版,对于
人们向英雄和先进人物学习,特别是对于在中
小学生中进行爱国主义教育,将可提供一些生
动的教材。祝愿此书出版发行成功,为培养"四
有"新人做出贡献。

于 2011 年 4 月 23 日

世界读书日

中华爱国人物故事

目录
CONTENTS

目录
CONTENTS

历史渊源

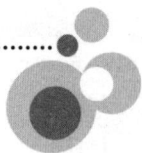

关于鲜卑族，有史以来众说纷纭。鲜卑，作为一个族名，在先秦时期它是指与楚有关的一支蛮夷。历史上对其得名大致有三种说法——第一种说法是，鲜卑族因居住地名之鲜卑而得名。在《三国志·鲜卑传》中，引

鲜卑民族栖息繁衍的畜牧草原，位于如今内蒙古东部。

鲜卑民族曾经逐草而居

述了《魏书》上的一则史料："鲜卑亦东胡之余也，别保鲜卑山，因号焉。"而第二种说法是，鲜卑是一种祥瑞的神兽，该民族奉其为图腾，因此而得名。第三种说法是，由于胡服中带钩的大腰带名为"犀毗"或"鲜卑"，后来便把穿着此服饰的东胡说成鲜卑了。无论何种解释，我们都能从中看出，鲜卑族是东胡的后裔这一事实。近些年来，民俗学者们致力于对"五胡乱华"历史实况的研究，因此，我们对于鲜卑族也有了更多的认识。据称历史上的锡伯人十分崇拜一种似狮非狮、似狗非狗的动物——鲜卑兽。男人会把它雕刻在皮带钩上，每当上山打猎都会系着它。

以渔猎畜牧为生的锡伯族

80分

中国邮政

CHINA

1999—11　　锡伯族　　(56—38) J

　　关于鲜卑族的起源，近年来的考古发现也有了突破性的进展——最初人们只知道其自汉魏以来，鲜卑族便逐渐地往南边迁徙，过着一种随水草迁移的游牧生活，是我国北方少数民族的一支。关于其起源，则不得而知。直到1980年7月，我国考古学家在内蒙古自治区呼伦贝尔市鄂伦春自治旗阿里河镇的大兴安岭北部内麓，发现了一所隐秘的石室，石室内的墙壁上刻有大量北魏皇帝祭祖的文字，由此推断，鲜卑拓跋部起源于大兴安岭北麓。这一山洞，便是历史上著名的嘎仙洞。

鲜卑拓跋部最初和当时大部分的少数民族一样，都处于原始社会的末期。后来，拓跋珪登上了王位，并挑起了重振拓跋部的重任，拓跋部于是开始渐渐地强大起来。鲜卑拓跋部落原始的社会形态也在此时期慢慢开始瓦解了，鲜卑拓跋部最终得以步入了奴隶社会时期。此时，秦汉王朝先后建立，封建专制主义制度在历史的发展中不断完善，秦朝建立了三公九卿制度、郡县制度，汉朝建立了封邦建国制度等，这一切对居于北方的少数民族产生了巨大的影响，北方少数民族首领们纷纷开始学习汉学，并希望从中吸取治国安邦的策略，鲜卑族也

嘎仙洞洞内的石室，鲜卑族先民曾寄居于此。

并不例外。在相应的文化作用下，鲜卑拓跋的奴隶制在没有充分发展的情况下，很快地过渡到了封建社会。鲜卑族的这些发展与进步，与拓跋鲜卑几位有为的君主是有着密切关联的。历史上的鲜卑族与其他北方少数民族一样，呈现出一种逐渐南移、与汉族融合的趋势。南移的少数民族为了适应中原大河文明安土重迁的特点，逐步适应了以土地私有制为基础的封建主义生产方式。这种适应在北魏孝文帝时期达到了鼎盛，永和年间的民族融合也达到了高潮。鲜卑拓跋建立了一套完整的封建专制政权下的土地制度，在官僚机构改革上也有所创新，孝文帝颁布的俸禄制对后世更是产生了深远的影响。鲜卑族改姓氏、变革传统民族服装、与汉族人民通婚，自觉学习儒家礼仪文化，凡此种种无不促进了华夏民族的大融合，促进了鲜卑族自身与中原民族的发展。

在鲜卑民族从一个典型的生产方式相对单一的游牧行国发展到一个鼎盛的生产方式多样化的封建王国的过程中，永和年间的孝文帝拓跋宏发挥着最为巨大的推动作用。

首个政权

在北魏建立之前，鲜卑族曾经建立过一个政权，国号为代。代国的建立要追溯到东汉的后期。

在东汉后期，由于鲜卑族居住地的"荒遐"，"未足以建都邑"，因此在鲜卑族推寅、邻等首领的带领之下，

代国，从松散的部落制过渡到专制皇权。

内蒙古境内的盛乐博物馆

开始了长期的迁徙，终于"始居匈奴之故地"——内蒙古大草原。如今，我们还能在满洲里附近的扎赉诺尔、呼伦贝尔一带发现许许多多鲜卑族先民的遗迹。

迁徙到大草原以后的鲜卑族在实力上取得了巨大的进展。首领诘汾子力微平伏了周边的各个部族，《魏书·序纪》中载为"诸部大人悉皆敬服，控弦上马二十余万"，由此可见，拓跋部在大草原上实力大大地增强了。与此同时，鲜卑族的社会体制也发生了重要的变化。然而，此时期的众多部族首领的帝号是后来追加的，此时期的部族首领并未具备真正的皇权的权威，中央专制政权也并未真正意义上的建立。诘汾子力微执政的第39年，由于白部大人没有前来参加祭天，力微"于是征而戮之"，导致了"远近肃然，莫不震慑"。此时，鲜卑首领的权力方才染上了一丝专制的色彩。

在力微死后，他的儿子悉鹿继位，悉鹿死后则把皇位传给了他的弟弟绰，绰死后，权杖传到了其侄的手中。这位侄子其实就是力微的孙子弗。弗之后，再由力微的儿子禄官继位。禄官与弗的两个哥哥猗㐌、猗卢"分国为三部"，各主一部，并称"三帝"。可见在这一时期，部族首领的继承关系并没有依循封建中央集权制度的宗法原则。

在三帝并立的时期，鲜卑拓跋的实力变得日益强大起来，"财畜富实，控弦骑士四十余万"。不久之后，禄官逝世，猗卢便统摄了三部。于是鲜卑拓跋开始进入了

盛乐博物馆内描绘鲜卑百姓日常生活的壁画

盛乐百亭园

一个新的历史时期。在猗卢统一了拓跋部的第8年（公元310年），晋愍帝封猗卢为代王，"置官署，食代、常山二郡"——鲜卑族的第一个政权，代国正式建立了。

代国的建立是鲜卑与中原政治相互交流的结果。当然这些交流所产生的结果都不会是单方面的——《魏书·官氏志》道，此时拓跋部"及交好南夏，颇亦改创"。这种改变意味着鲜卑的社会体制开始有变化了，因此，鲜卑拓跋得到了发展的大好机会。

什翼犍在位的39年间，代国的实力不断地增强。然而，这也难以改变一个小国必然的命运。当时，地处中原的前秦在苻坚的统治之下，国势欣欣向荣。苻坚先后消灭了前燕和前凉，以势不可挡之势席卷了整个北方。

公元376年，苻坚在平凉州后，发兵30万分两路夹击代国，什翼犍兵败，退还到阴山一代。他的儿子翼圭缚父请降。苻坚把什翼犍送到了太学读书，而"散其部落于汉鄣边故地"。到此为止，鲜卑拓跋为了建国而做出的努力便告一段落了，但由此而竖起的宏图雄心和得到的政治经验却留下了长长的投影，因此北魏人在迁都洛阳之前，一直都自称"大代大魏"。

公元386年，什翼犍的孙子拓跋珪在族人的拥戴下即代王位，三月后改称魏王，代国的历史从此开启了新的篇章。

公元471年，献文帝把皇位让给了年仅4岁的拓跋宏。北魏拓跋家一直引用汉武帝的老办法，"立其子杀其母"，以此来防止吕后那样的悲剧重演。拓跋宏的生母也是这样被杀死的。年幼的拓跋宏由祖母冯太后抚养成人。

盛乐博物馆馆内壁画

文明冯太后

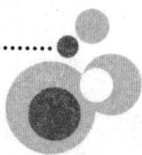

　　孝文帝的一生深受着其祖母冯太后的影响，对自己的这位祖母也甚是依恋。历史上记载在冯太后死去之时，孝文帝"哭三日不绝声，勺饮不入口者七日"，经过中部曹杨春等大臣的劝谏，孝文帝才每餐进一点很少的粥。孝文帝迟迟不舍安葬祖母，冯太后死后20天，葬礼虽

冯太后的陵墓永固陵

古阳洞：孝文帝为冯太后开凿的功德洞，是龙门石窟中著名的一景。

毕，孝文帝又频繁地前往永固拜谒，在陵下搭建草棚，宣布要在祖母陵前为她守孝三年。孝文帝三岁丧母，十岁丧父，他甚至终生都不知道自己的亲生母亲是谁，冯太后在他生命中所扮演的，是严父与慈母兼导师的三重角色。太和改革其实有很多措施都是在冯太后的主持与协助下执行推广的。因此，要了解孝文帝的生平、思想以及改革的始末，就不可避免地要正视这位政治女强人的功绩。

古阳洞佛龛

冯太后是北魏文成帝拓跋濬的皇后，她是一位很有来历的人。她的祖上是长乐信都（今河北省衡水市冀州区），西晋末年避乱离乡，迁居于龙城（今辽宁省朝阳市）。伯祖父冯跋少年时"恭慎勤于家产"，也颇有志向，曾侍于后燕。当燕君被北魏击败，宫内自相残杀时，冯跋趁机于409年独树一帜，称为天王，建都龙城，国号也叫燕，史称北燕。冯跋在位时，在政治上做出过不少贡献，他课农桑，禁贿赂，并营建太学，以刘轩、张炽、翟崇等名儒为博士郎中，选拔官僚子弟加以培养。但是在冯跋死后，其弟弟冯弘继位称王，尽杀诸侄，北燕内部分崩离析。由于抵挡不住北魏的强烈攻势，436

年，冯弘仓皇逃离北燕，前往高丽，并在438年被高丽人所杀，客死他乡了。在北魏消灭北燕之时，冯弘的儿子冯朗投降了北魏。这位冯朗，也就是冯太后的父亲了。他们全家迁徙到了长安，因此对于北魏而言，他们是"新民"。冯朗后来也曾在北魏担任刺史这一官位。后来在北魏讨伐柔然的过程中，冯朗的弟弟冯邈兵败投降，冯家上下全部受到牵连。冯朗被杀，小冯姑娘也被皇室收归为奴。幸好她在皇宫里还有一位姑姑。这位姑姑是太武帝时期的后宫，当年冯弘无力抵挡北魏的征发，于

北魏古阳洞造像

石菩萨像：北魏永熙二年（533年）造，高27.5厘米。

是纳女称臣，这位左昭仪就是在此时进宫的。左昭仪对失去双亲的小冯姑娘悉心照顾，教以礼仪、文化和知识，并且亲自与皇太子拓跋濬的乳母，后来的保太后常氏一起把小冯姑娘推荐给拓跋濬。拓跋濬对于端庄文雅、娴熟聪慧的小冯姑娘也甚是喜爱。452年，拓跋濬继位，即文成帝。同年，他选14岁的小冯姑娘为贵人，对她宠信有加。

可惜，好景不长，公元454年，文成帝在一次偶然的机会中看见了因战争从南方掳掠到北魏的李氏。文成

帝深深地被李氏的绝色所折服了，李氏很快地被拓跋濬召入宫中，封为贵人。拓跋濬因此而冷落了冯贵人。次年，李贵人诞下了文成帝的第一个儿子——北魏第五代君主拓跋弘，她在皇宫中的地位更见巩固了。

左昭仪与保太后常氏当时撮合冯贵人和皇太孙是出于要保住自己在皇宫中地位的需要，如今冯贵人失宠，这让她们非常恼怒。保太后利用道武帝拓跋珪时期所定下的家规——"子贵母死"，强迫文成帝立拓跋弘为太子，处死了李氏。李氏既死，冯贵人马上重新获得了宠幸，不久以后就被册封为皇后了。

冯太后是一位有魄力、果敢而精明的人。孝文帝当政时期很多措施其实都是由冯太后协同施行的。冯太后的胸怀之大也并不是历代的后宫嫔妃所能比拟的。冯太后最喜欢登临方山远眺。有一次，她与拓跋宏同登方山顶上，远眺远处的山川，不禁感慨万分。她对群臣说："当年虞舜葬在苍梧，娥皇、女英二位妃子并没有陪葬。何必一定要葬在皇陵中才显得富贵呢！我死后，不要把我送回祖陵了，把我安葬在方山顶上，最合我的心意了！"于是，拓跋宏建造了方山顶上的两座陵墓。太和十四年（490年），冯太后去世，她的遗体被抬过灵泉池，抬上方山顶上安放在这小小的石碓之中。这就是方山顶上的永固陵。

献文帝的功绩

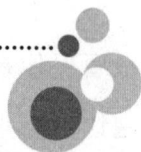

　　献文帝拓跋弘，北魏的第五代帝皇，是北魏孝文帝的亲生父亲。拓跋弘名义上是冯太后的儿子，其生母实质上为南方的俘虏李贵人。拓跋弘3岁被立为储君，12

云冈石窟石洞

云冈石窟群佛

岁正式继承皇位，终其一生他处处受着冯太后的监视。然而，拓跋弘并非普通意义上的傀儡皇帝。虽然朝廷中到处都充斥着冯太后的眼线和势力，然而他却没有一刻畏惧。他并不受冯太后的操控，而是建立了与冯太后相异的一股朝中势力。献文帝并非无能，在北魏的历史上，他是勤政亲民、年青有为的一代帝皇。

在献文帝执政期间，他"勤于为治，赏罚严明，拔清节，黜贪污"，使北魏吏治面貌大为改观。

在北魏之前，官员是没有俸禄的。历史上向政府官员发放工钱实质上始于孝文帝。鲜卑建立北魏初期，政治经济文化都还处于相对落后的境地，明显带有着原始社会晚期的痕迹。朝廷上下，并没有一套比较完善合理的行政系统。同时，官员们大多为鲜卑的贵族，他们脱胎于原始部落的小头领，保留着掳掠抢夺的习性。因此，北魏前期的官员，其收入最主要来源于战争的掠夺与上级的赏赐。这样的习性在部落制度的社会或战争的年代

悬空寺

或许还可以维持，但是一旦进入了封建社会，这种掳掠的行径便必然会演变成为搜刮民脂民膏的贪污受贿行为。在拓跋弘执政时期，官员的贪污腐败行为十分严重，使得阶级矛盾和民族矛盾日益激化尖锐。

云冈石窟造像

为了改善这一现状，巩固自己的统治，献文帝指定了一条强硬而严格的法律——"吏受所监临羊一口，酒一斛者，死，与者以从坐论"。这是在《魏书·显祖记》中记载的一则事实。意思大概为"官员凡是收受一只羊、一斛酒以上的，一律处死，同时行贿之人以从犯论处。如若有人揭发尚书以下官员的贪污罪状的，则可以取代被揭发官员的职位。"此诏书引来了许多大臣的反对。一个名叫张白泽的官员指出："周天子在位之时，帮耕者亦有酬劳，如今百官并无定产，若禁止收受财资，只怕生活将难以为继！且让揭发者取代被告者，必定会引发诽谤与栽赃嫁祸之事，实在不宜于国家的长治啊！"群臣纷纷劝止，献文帝这才不得已而作罢。因此在献文帝当政时期，北魏官员依然是没有固定收入的，只有在战争获胜取得战利品之时，他们方能获得一点点奖赏。新法律虽然被迫废止了，可是在其后的执政期间，献文帝还是颇有魄力地惩戒很多作风不正的官员，实在是大快人心！

献文帝还根据中原的实际情况，对赋税制度进行了改革。在《魏书·显祖记》中记载，"命因民贫富为三等输租之法，等为三品，上三品输平城，中输他州，下输

云冈石窟

本州"。这样的一种赋税制度，既不影响国家的赋税使用，又很大程度上解决了广大贫苦百姓的远途运输、疲于赋役的问题。这种依据贫富差别而征税的方法，实为历史上的一大创举！同时，献文帝还改变了拓跋焘时期重征赋税的政策。即使是在国家财政紧张的情况下，献文帝依然坚持轻徭薄赋，这便大大地减轻了中原百姓的负担，也极大地缓和了民族矛盾与阶级矛盾。

在政治上，他整理选举和爵位制度。如授权地方官员到任之日可以选拔"民望忠信者"，不许前任官员干预；又诏严禁诈取爵位，凡未有功绩而超迁爵位者，一律不予以承认，这就改变了爵位过滥的情形。

此外，献文帝还加强礼仪教化，设立乡学，"郡置博士二人、助教二人、学生六十人"。为防止"宽政犹水，逋逃遂多"，他又下诏重申法律，"以肃奸伪"。

孝文帝的文韬

拓跋宏是献文帝的长子，皇兴元年（公元467年）8月戊申（29日）生于平城紫宫。他的母亲李氏是汉族南郡王李惠的女儿。拓跋宏3岁被立为太子，李夫人同样也无法逃脱被处死的命运。对于拓跋宏出生时的情形，青史不惜笔墨，大加渲染："神光照于室内，天地氛氲，

皇帝宝座

永宁寺出土文物

和气充塞"。

皇兴五年（471年）8月，献文帝宣布退位，原本想传位于叔叔的献文帝碍于文武百官的死谏，把皇位传予年仅4岁的长子拓跋宏。据说在这个庄严肃穆的时刻，拓跋宏独自在金銮殿上哭泣不已。献文帝问其故，小拓跋宏回答："代亲之感，内切于心"，他是不忍心取代父亲的皇位啊！得子如此，献文帝感慨不已。

在冯太后的调教之下，孝文帝文采十分出众。孝文帝驾崩之后的谥号为"孝"为"文"，孝文帝一生之中给予世人最深刻印象的，除了对于祖母的温和孝顺以外，就是其文采的斐然了。孝文帝的文字作品大约有百十来篇，他曾汇编成集，分赐臣下。太和十八年（494年），刘修道出镇平城，孝文帝亲自践行，命令文武百官为刘修道作诗，又以其文集一部赐之，曰："时契胜残，事钟文业，虽则不学，欲罢不能。脱思一见，故以相示。虽无足味，聊复为笑耳"。

历史上留存着孝文帝的两篇祭山川之文：

《初学记》传六收孝文帝《祭河文》，赞颂黄河的汹涌澎湃，浩浩荡荡，一泻千里，以及滋润万物的功德：

维太和十九年，皇帝告于河渎之灵：坤元涌溢，黄渎作珍，浩浩洪流，神禅阴沦。通源导物，含介藏鳞，启润万品，承育苍浸。惟圣

永宁寺遗迹

平城遗迹：北魏王朝自道武帝天兴元年（公元398年）在平城定都开始，到孝文帝太和十八年（公元494年）止，都城一直定于今山西大同，北魏历代皇帝对平城皆有建设。

作则，惟禹克遵，浮楫飞帆，洞厥百川。朕承百历，克纂乾文，腾鸾淮方，旋鹢河滨，龙聆御渎，凤鸟乘云。洸漾棹舟，鹳鹳沂津，宴我皇游，光余夷滨。肇开水利，漕典载新，千舻桓桓，万艘斌斌。保我大仪，惟尔作神。

《初学记》卷五也收录了《祭岱岳文》，极力描绘了泰山的巍峨雄壮：

　　维太和十九年，敢昭告于泰山东岳之灵：
　　造化氤氲，是生二仪，玄黄既辟，山川以离。
　　四流含灵，五岳苞祇，并兼万象，出纳望義。
　　岱宗穹崇，梁甫盘崛，青邱崎屹，春阯郁律。
　　肇正庶类，启光品物。上敷神工，下融灵秩，
　　载协化文，四气以溢。百王镌成，莫不兹室。

　　从这两篇祭奠山河之文可以看出，孝文帝的文学修养的确不同凡响。纵观北魏，除了一些乐府民歌被高度肯定以外，文坛一直寂寂，并无佳文。孝文帝能够为文

云冈石窟中的飞天

如此，已经是难能可贵了。

孝文帝还有很多关于文学上的趣闻轶事见于经传。

孝文帝的岳父冯熙曾在邙山建造了寺庙，委托贾元寿作碑。孝文帝游览佛寺，看见了碑文，赞不绝口。冯熙死后，孝文帝悲痛不已，亲自为他起草了墓志铭。冯熙之子冯诞被任命为司徒，孝文帝代他写了三让表。冯诞上任，孝文帝又替他草拟谢章。冯诞死后，他又亲自撰写碑文挽歌，"皆穷美尽哀"，极尽铺陈之美。

孝文帝南征，曾宴饮群臣，酬酢赠答。酒酣之际，孝文帝想到国家尚未统一，不禁感慨万分，歌唱起来，声调悠扬悲凉："白日光天无不曜，江左一隅独未照"。群臣纷纷续歌。彭城王拓跋勰歌曰："愿从圣明兮登衡会，万国驰诚混江外"；郑懿歌曰："云雷大振兮天门辟，率土来宾一正历"；刑峦歌曰："舜舞干戚兮天下归，文德远被莫不思"；郑道昭歌曰："皇风一鼓兮九地匝，戴日依天清六合"。君臣们一唱一和，充满着对统一蓝图的憧憬与自信，孝文帝十分高兴，遂复歌曰："遵彼汝坟兮昔化贞，未若今日道风明"。关于这次酬酢应答，被官员刑峦一一记录了下来。

改革思想

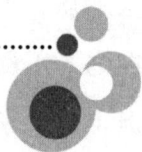

　　孝文帝的改革思想渊源于儒家的文化。他曾经一再表示，要参考和仿效"古式""旧典"，用文德代替武功，用儒家的"文"代替拓跋的"武"，从而寻求一条推动民族融合、社会进步的道路。以儒家为核心的思想立足于维护中央集权。

　　孝文帝曾经多次在大臣们的面前表露出对南朝的欣羡

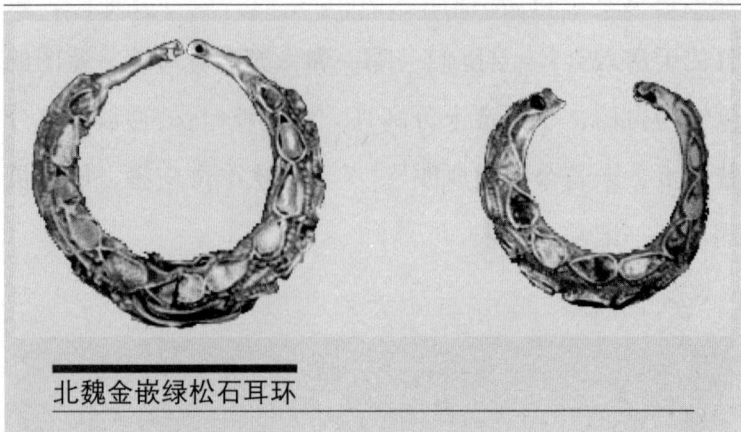

北魏金嵌绿松石耳环

北魏陶碗

与向往。他亲自接待南朝过来的使节，与他们交谈甚欢。

　　拓跋鲜卑入主中原统一了北方以后，很多汉人参与政事。然而，汉人的参与并不意味着他们的正统观念与统治者的一致。很多汉族官员都会情不自禁地流露出对江南汉族王朝的感情，而对鲜卑贵族的鄙陋不屑一顾。这对于北魏的统治是极为不利的。只有当统治者对汉族人的正统观念完成了改造、消除了偏见，北魏的政权才能巩固与安稳，北魏才能名正言顺地统一南北，结束分裂对峙的局面。

　　孝文帝深刻地认识到这一点。因此他多次以天下之主的姿态祭拜中原地区的名山大川，祈祷上天助其完成一统大业。孝文帝把自己塑造成一位德天承运、天命所归的君皇，他一再亲自拜祭孔子、比干等一直被汉族视

北魏墓出土梳十字大髻、穿窄袖衫裙的彩绘女俑。

为文化正统的名人，借此表现自己对中原汉族传统精神的高度重视，甚至借此表明自己是这一传统文化的传承人。这种举动，在一定程度上缓和了汉族百姓与统治阶级之间的矛盾，消除了汉族士人的逆反心理。

移风易俗实行汉化，为北魏的南征北战，实现"齐美于殷周"提供了实现的可能。

北魏孝文帝于太和十七年（493年）经营新都洛阳，太和十九年（495年）正式从平城（今山西大同）迁都洛阳。北魏洛阳城由宫城、内城、外郭三重城垣组成。宫城、内城基本上是在魏晋洛阳城旧址上重建的。宫城南北长1398米，东西宽660米，位于东汉北宫故地。除北墙不甚明确外，东南西三面宫城墙尚存，并有四座宫门。内城城垣至今无甚改变，根据《洛阳伽蓝记》记载，当时北魏内城共有13座城门，布置精巧，极为壮观。而外城则是北魏迁都后新建的。北魏洛阳城汲取了鲜卑政权

北魏石雕

都城盛乐、平城的经验，又融会了中国封建传统思想的精髓，适应了当时的政治、经济、文化的发展需要。北魏的洛阳城是一座富有创意的新型都城，在我国建筑史上有着承上启下的作用。

北朝壁画《牧牛图》，纵60厘米，横33厘米。

整顿吏治

北魏前期的民族矛盾尖锐的问题，其中很大一部分原因是鲜卑贵族以及官吏的强抢豪夺。而官吏强抢豪夺的最重要原因在于他们的生活资料得不到保障。

俸禄制源于北魏。在俸禄制还没有被创立之前，北魏是推行班赐制的。所谓班赐制，也就是由于当时"官无禄力，唯取给予人"而将战利品或专役户所生产的手工业品按功劳大小赏赐给功臣官员的一种制度。由于战利品获得的时间与多少都是难以预

山西金龙墓出土的仕女图

沮渠封戴墓表：1972年新疆吐鲁番阿斯塔纳出土，沮渠封戴是北凉高昌太守。

料和确定的，手工业品也是皇室的余物，因此，当时文武百官的收入并没有保障。或许这项制度在游牧行国里可以推动好战与善战风气的形成，但是在战事较少"承平日久"的岁月里，这种制度就严重地影响了官吏的士气与行政的效率了。即使偶有战事，武官的所得也永远要比文官要多，如此一来，十分不利于国家的文治。清廉的官员例如高允等人，则"恒使诸子樵採自给"，品质稍稍差一点的官员则寻找各种借口盘剥百姓或收纳各种

好处。贿赂之气成风，成了北魏统治的大患。

拓跋弘在位时期，曾经为此制定了律令，规定"吏受所监临羊一口，酒一斛者，死，与者以从坐论"。但是由于群臣的共同反对而最终作罢了。统治阶级与各族百姓的矛盾一直都没有得到解决。有一次，他问大臣怎样才能够平定盗贼，有大臣回答说，盗贼也是人，为贼实属无奈。如果地方官吏称职，治理有方，盗贼自然就会平息了。孝文帝听了，认识到整顿吏治问题的重要性。

太和八年（484年），孝文帝开始了整顿吏治，其中最为重要的政策便是推行俸禄制。为了筹措官员们的俸

司马金龙墓出土的彩绘屏风（局部）

禄，朝廷增加了从民间获得的税赋——"户增帛三匹，粟二石九斗，以为官司之禄，后增调外帛满二匹"。这些粟帛主要都是给朝廷官员们的，"其以十月为首，每季一请，于是内外百官，受禄有差"。朝廷为官员们筹集俸禄，向官员们每三个月发放一次，并规定各级官员无权到民间征收，也不得接受馈赠，违者严惩不贷。凡是贪污布帛满一匹或者违反相关规定的，一律革职并处死。

北魏《杨大眼造像记》拓本

但是，俸禄制的执行并无排斥原有的班赐制。在各大战争之后，武官们还是能获得较为丰厚的赏赐。如此一来，就减少了对既得利益者的损害。

在官吏的任期方面，孝文帝也作出了具体的规定：官吏的任期需要按照政绩的好坏来决定。他改变了北魏前期官吏一律任期六年的规定，要求每三年由朝廷派出官员对官吏进行一次考核，考察内容主要有四点：一、能否劝课农桑，鼓励百姓耕作，提高地方的税收；二、能否克己奉公，兢兢业业为朝廷办事，守法不贪；三、能否向朝廷推荐贤才，是否重视文治礼教；四、能否有效整治盗贼，维持地方治安。凡通过考核者，方能获得连任的资格。官吏考核制度撤查了一批无能扰民的官吏，也提高了官吏的行政自觉性，受到百姓们的称道。

经过整顿，北魏的吏治得到了很大的改善，行政效率也因此得到了提高。这为其后均田制等一系列的改革提供了有力的保障。百姓的赋役负担减轻了，农民安心从事生产了，北魏的农耕经济迅速的恢复和发展起来。

迁都洛阳

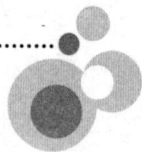

　　冯太后死后，孝文帝继承冯太后尚未完成的事业，亲自挑起了改革的重担。其中第一项措施，就是迁都洛阳。

　　北魏的都城位于平城，平城偏北地寒，六月风雪，风沙四起。当时就有人作《悲平城》一诗，道："悲平城，驱马入云中，阴山常晦雪，荒松无罢风。"流行的民

陈寅恪先生复原的北魏时期洛阳图

谣也有唱道："纥于山头（今山西大同市东）冻死雀，何不飞去生处乐！"由于气候的恶劣寒冷，经济无法迅速地发展起来。孝文帝在位时期，鲜卑民族的生活起居已经更大程度上依赖于农业作物生产了，而平城及其附近的王畿地区因受制于寒冷的天气，农作物常常收成很少。再加上地处偏远，统治势力无法深入华北及中原一带，导致了这些地区的农民起义嚣张肆虐。这时，北方少数民族柔然也逐渐强大起来，对北魏构成了威胁，北魏都

北魏平城遗址建筑

邺城金凤台

城随时都面临着被攻陷的尴尬。为了接受中原先进的农耕文化，巩固自身的统治，也为了避免都城的受扰，更为了举兵南伐、为南北统一提供可能，孝文帝决定迁都洛阳。然而，平城之内鲜卑贵族的势力极为顽固，族人眷恋北地，如果贸然提出迁都，必定会招致顽固势力的反对，如此一来，改革便很可能演变为政变了。孝文帝自然也明白这一点，因此，他决定以计谋取之。

太和十七年（公元493年）5月，孝文帝召集了文武百官，宣称要大举伐齐，他计划在南伐的途中造成迁都的既成事实。

493年8月，孝文帝拜辞了冯太后的永固陵，率领着

庞大的军队，浩浩荡荡地从平城出发了。一路上，军队
阵容齐整，所过之处，秋毫无犯。军队经过恒州、肆州，
于9月底抵达了洛阳。这时候正是深秋季节，洛阳城内
外阴雨连绵，孝文帝命令大军就地休息待命。而他自己
则冒着大雨巡视洛阳的故宫旧址。只见眼前一片断瓦颓
垣，杂草丛生。孝文帝感慨地对臣子说："晋室不修功
德，宗庙社稷倾于一旦，荒毁为这个样子，朕实在感到
痛心啊！"说完，潸然泪下，边哭边吟诵起《黍离》的诗
句："彼黍离离，彼稷之苗。行迈靡靡，中心摇摇。知我
者，谓我心忧。不知我者，谓我何求。悠悠苍天，此何

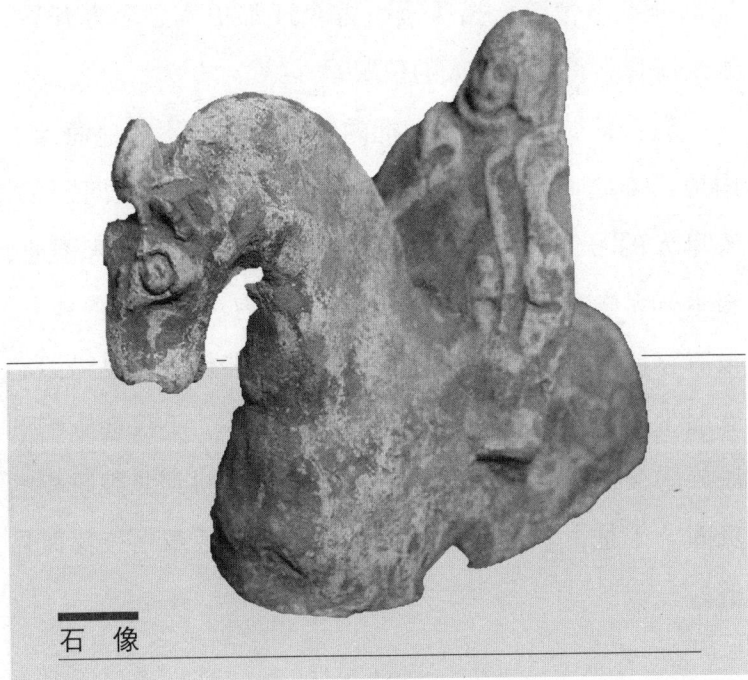

石 像

人哉！"吟到伤心之处，侍臣们无不随之泪流。接着，孝文帝又参观了洛桥、太学，观看了石经。在洛阳稍稍休整以后，他又命令六军继续前进。孝文帝身着戎装，手执马鞭，策马冲在队伍的最前锋。大臣们已经走了一个多月了，一路跋山涉水已经疲惫不堪了，此时他们不愿再策马前进。群臣与诸将士纷纷跪倒在孝文帝面前磕头哭泣，祈求停止南伐。孝文帝却果断决定，在洛阳周围的州郡视察，到开春的时候再返回洛阳，不再回平城。他派遣任城王返回平城旧都，诏告天下，处理各类大小事宜。任城王拓跋澄折返平城，留守的文武百官知道要迁都，莫不惊骇。拓跋澄引古今迁都史实，多方开导，细细解释，得到了众人的信服。

随着都城的迁移，大批的鲜卑人源源不断地涌入了内地，随之而来，北魏政府又面临着许多新的问题了：鲜卑人的习俗与汉人的习俗差异巨大，而且语言不通，根本就无法交流。很多鲜卑人甚至没有可以居住的地方，没有存储的粮食。他们还不擅长农业劳作，于是纷纷心恋旧土。假如这些问题不马上解决的话，不仅会影响到民族的交往与经济的发展，甚至还会威胁到北魏政权的巩固。于是，孝文帝开始了他的另一项改革——移风易俗。

移风易俗

汉语到两汉魏晋时期已经发展得较为完备了，大量的文学作品涌现出来，音韵训诂在两汉时期更是得到了极大的发展，此时的汉语已经具有丰富的词汇、精密的

北魏墓葬中出土的石刻

魏晋时期服饰

语法结构以及高度的表达能力了。而拓跋鲜卑，其实也具有自己本民族的语言。统治者在草拟文件、发号军令时也多用鲜卑语。北魏建立政权以后，两种语言相互影响并共同被使用。太和改革中，官方语言的确定无疑就成了一个亟待解决的问题。孝文帝是想施行汉化的，而汉语恰是掌握汉学经典的前提，更是推行礼教的载体和工具。因此，迁都洛阳后，孝文帝为了更好地消除民族隔阂，他决定禁用鲜卑语，在拓跋部推行汉语。

孝文帝令30岁以下的官员禁用鲜卑语，30岁以上的官员可以慢慢地适应及转变，这一策略是实事求是的。年长的官员其习惯相对根深蒂固，因此在短期之内必定难以适应。孝文帝照顾到他们的特殊情况，制定了这种富有策略性的规定，无疑减少了语言改革当中遇到的阻力。孝文帝公然宣称鲜卑语为"北俗"，视汉语为"正音"，很明显地表露出他对于两种不同文化的态度。此时的孝文帝，俨然是以华夏正统的继承者自居了。

在推行语言改革的过程中，孝文帝身先士卒，以自

秦汉时期汉服

身作出了表率。他喜好读书，常常手不释卷并且过目不忘。他好为文章，常常在宴饮群臣之时吟诵和乐，以文章酬酢相赠。对于汉语的运用及写作，他简直达到了驾轻就熟的地步。孝文帝还常常督促拓跋部的贵族学习汉语，阅读经典。在他的倡导之下，鲜卑贵族中掀起了学习汉语的热潮。鲜卑统治阶级对于汉族的文化也日益了解，这大大地减少了太和改革的顽固阻力，切实推动了鲜卑族的汉化与封建化进程。鲜卑族的陋习越来越少了，在生活习性上也渐渐地趋向于汉族。

鲜卑族的传统服饰虽然也有不少优点，但是在战事基本平定、统治者推行文治礼乐教化的背景之下，就未

汉代汉服形制

免显得格格不入。自古以来，汉民族都十分注重服饰文化，因为服饰是与社会地位紧密联系的。服饰是身份的重要象征之一，看服饰而能分贵贱、知地位。朝廷州郡的各品官员，其制服都是有所区别的——就颜色而言，皇帝有其专用的杏黄色，象征着身份的尊贵与至高无上的威严；不同官员朝服上所刺绣的仙鹤、熊、麒麟等动物也标志着他们相应的官职。因此，服饰不定则礼教不兴、名分不定、等级混乱。

北魏永宁寺造像

　　孝文帝十分重视服饰的改革，在迁都之前，孝文帝曾经委托李冲、冯诞等人讨论及制订改革方案，斟酌时间达到了6年之久。孝文帝也多方询问汉族的官员，但最后并没有当机立断地拿出一套改革方案来。迁都以

北魏陶俑：反映了永和改革后的服饰情况。

后，由于与汉族杂居，语言生活习惯上多有隔阂，因此服饰改革又被提上了议程。太和十八年（494年）12月，孝文帝正式下诏"革衣服之制"，规定鲜卑人无论男女一律改穿公布样式的汉服。

在孝文帝的推动下，鲜卑族与汉族的文化交流越来越多，原本差异巨大的文化思想也不断地呈现出相互包容相互融合的趋势。语言难关的攻克，为孝文帝其他的改革措施提供了必要的前提，也为华夏民族的大融合奠定了坚实的基础。

改革姓氏

　　拓跋鲜卑原本是没有姓氏的，后来受到了中原传统文化的影响，开始以部落的名称为姓。在孝文帝迁都洛阳以后，拓跋鲜卑诘屈聱牙的复姓显得十分难以记忆，并且成了原始落后的表征，严重阻碍了汉化的深入与民族的融合。因此，孝文帝决定利用行政的力量，对少数民族的冗长拗口的姓

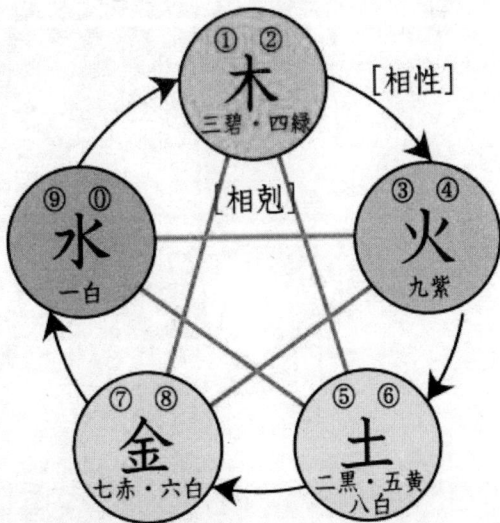

五德终始

氏予以改造。

太和二十年（496年）正月，孝文帝在洛阳"诏改姓
为元氏"，他解释道："北人谓土为拓，后为跋。魏之先
出于黄帝，以土德王，故为拓跋氏。夫王者黄中之色，
万物之元也，宜改姓元氏；诸功臣旧族自代来者，姓或
重复，皆改之"，体现了孝文帝改革的意向。是年，姓氏
改革全面铺开。这次姓氏改革的对象包括：

北魏碑帖

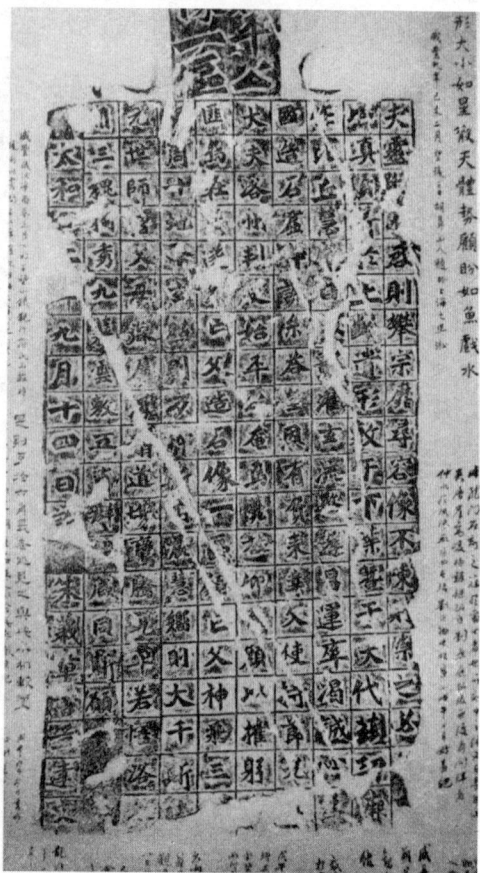

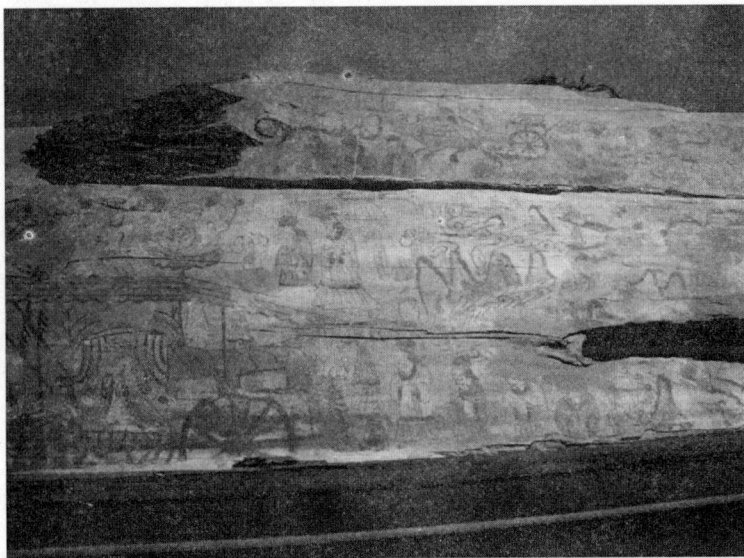

北魏棺版画

一、宗姓，即皇室拓跋氏和其宗族。改革的结果是：

拓跋氏	元　氏
纥骨氏	胡　氏
普　氏	周　氏
拔拔氏	长孙氏
达奚氏	奚　氏
伊娄氏	伊　氏
丘敦氏	丘　氏
侯亥氏	亥　氏

乙旃氏	叔孙氏
车焜氏	车 氏

二、勋臣，即北魏初年的功臣后代。

丘穆陵氏	穆 氏
步六孤氏	陆 氏
贺赖氏	贺 氏
独孤氏	刘 氏
贺楼氏	楼 氏
勿忸于氏	于 氏
纥奚氏	嵇 氏
尉迟氏	尉 氏

三、内入，即北魏建国以来前来归附或被征服的各个部落。改革的结果有连氏、苟氏、梁氏、罗氏等68姓。

四、四方，即北魏建国以后所征服的各部落、部族。更改后的姓氏有陈氏、窦氏等32个。

在此次改革中，孝文帝把一共118个复姓改成了音近的单音汉姓。这些新姓氏具有汉族文化的气质，较容易为汉人所接受。

在改革旧姓前一年，即太和十九年，孝文帝还利用专制皇权的无上权威，重新调整了门第之间的等级关系。这件事情早在太武帝时期就已经有汉族大臣筹划了，只可惜当时毅然决然地遭到了统治者的怀疑与否定。孝文帝当政时期，由于国家已经基本平定，经济也得到了恢复，具备了重新划定门第等级的条件，加之汉化改革的落实还需要汉族高门的支持与帮助，因此，为汉族大姓提高社会地位、使他们得到社会的尊崇，就成了顺水推舟之事。

太和十九年，孝文帝亲自开始主持定姓族的工作，他亲自制定条制，筹备了将近半年时间，最终在12月完成了这项工程浩大的工作。孝文帝认为鲜卑族过去那种凭借着军事才能与才干而获得爵位与官职的做法，已经不再适应历史潮流了。北魏此时建国已经有一百多年了，而门阀等级

什物

065

却依然混乱不清，孝文帝要做的，就是"班镜九流，清一朝轨迹"，严格清理上下尊卑的等级地位。

在定姓族的过程中，孝文帝所依据的，最主要是出身。凡是出身于"君子之门"的，则是天生的贵种，可以名列清流，只要"品德纯笃"，即使无才无能也可以担任高官。他以各族祖上是否为部落大人和历代所任官职、所封爵位以及亲疏关系为依据确定姓族等级、姓族分档，且姓的地位高于族。孝文帝虽然以血统为原则，却也并不排斥庶民地主一类出身低下者，他规定，只要"高明卓尔""出类拔萃"，即可列入清流。在实施的过程中，他命令各贵族官僚自报门户，叙述祖上世家所任官职与所封的爵位，申请相应的姓族，然后由官府一一审查旧籍，核实盘问，上交皇帝定夺。定夺的结

北魏中期所造莲花手观音

果是，孝文帝制定了一套庞大而详细的姓族门第网络，并且把拓跋鲜卑所有的大小官员都涵盖在其中。

其次，孝文帝还清理了汉族世家的现状，规定以近代的官爵为主要标准确定高门之姓："凡三世有三公者为'膏粱'，有令、仆者曰'华腴'，尚书、领、护而上者为'丙姓'，吏部正元郎为'丁姓'。"

在此次定姓族的过程中，孝文帝规定了"勋臣八姓"及"汉族四姓"为第一等的高门大姓。并且明确规定，这些门第的子弟"勿充猥官"，即不得担任吏部正员郎以下的职务。勋臣八姓是进入中原前后功勋最为卓著者，他们齐集了拓跋部的各类精英。这八姓在其后即为穆、陆、贺、刘、楼、于、嵇、尉八姓，而汉族四姓即上述的卢、崔、郑、王四姓了。

孝文帝利用政治的权威，借助行政力量确认和评定了门第等级，为各贵族官僚正了名分。它有助于消除北魏统治阶级内部不同社会民族成员之间因地位不同而产生的隔阂，有利于增强贵族们相互之间的联结。定姓族、改姓氏的实质是地主阶级内部权力与利益的重新分配，体现的是汉族地主阶级的崛起与复兴。从此，一些汉族地主阶级真正地进入了统治阶级的内部。

合汉通婚

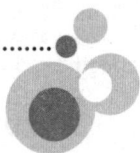

　　婚姻是社会的最小单位——家庭的连接途径。两个人的婚姻则意味着两个家庭的结合，甚至意味着两种不同阶级之间的沟通。婚姻是一种手段，自古以来历史上

宫女陶俑

布达拉宫文成公主等身像

就有很多以功利性为目的的婚姻。汉代有细君公主、王昭君的远嫁匈奴，唐代有文成公主、金城公主的联姻吐蕃，即使是在北魏，也曾出现过许许多多的政治婚姻。道武帝拓跋珪为了巩固自己的统治，曾让多位公主远嫁他邦。借助女儿的出嫁，在一定程度上把其他诸国的利益与自身的利益结合在一起，也在一定程度上为军事缓冲取得了充足的时间。

北魏建国初期，拓跋鲜卑仍旧保留着少数民族同姓通婚的习惯。太武帝拓跋焘对此也曾做过禁止，但由于建国初年国家战事未定，因此统治者对于文化、风俗方面的建设一直悬之高阁，同姓通婚的习俗一直没有多大的改变。孝文帝迁都以后，大兴汉化，试图以先进的汉族文化改造鲜卑族落后的习俗，改革婚姻因此再次得到统治者的重视。

孝文帝的婚姻观基本上继承了古代汉族传统的婚姻思想，尤其是儒家的婚姻观念——"夫婚姻之义，曩叶攸崇，求贤择偶，绵代斯慎。故刚柔著于《易》经，《鹊巢》载于《诗》典，所以重夫妇之道，美尸鸠之德，作配君子，流芳后昆者也。然则婚者，合二姓之好，结他

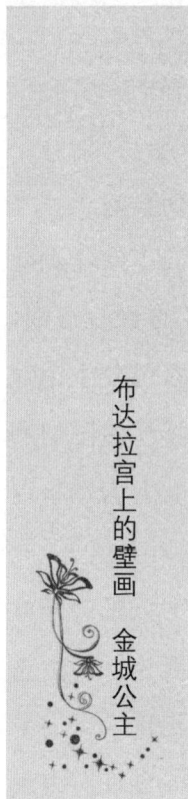

布达拉宫上的壁画 金城公主

金耳坠：山西省大同市北魏墓出土。

族之亲，上以事宗庙，下以继后世，必敬慎重正而后亲之。夫妇既亲，然后父子君臣、礼仪忠孝，于斯备矣。"孝文帝认为，婚姻的作用是用于传宗接代的，婚姻还具有为维系君臣关系打下基础的作用。在传统儒家思想中，"修身、齐家、治国、平天下"是不可逾越的四步，前者与后者之间互为前提。因此，历来有修养的君子只求淑女、只求贤妻，而很少有对美女垂涎三尺的。历代明君对于后宫皇后的选择更是谨小慎微，只有仪态舒端、聪慧贤淑的贵族少女才能当皇后，历代皇后都是要肩负起治理后宫、为皇帝免除后顾之忧的责任的。因此，在儒家思想中婚姻实际上是一种由家庭推广到社会的政治行为，是推行礼仪教化、强化统治的途径。

北魏初年，文成帝和平四年（463年），皇室曾经下诏："今制皇族、师傅、王公侯伯及士民之家，不得与百工、伎巧、卑姓为婚，犯者加罪。"这是对于不同社会等级之间的人不能通婚的规定，也是孝文帝行政时期强调的内容。孝文帝继位以后，类似上述的诏令屡见不鲜。太和二年（478年）5月，针对"百姓习常，仍不肃改"的情况，下诏禁止"婚聘过礼""婚葬越轨"；太和七年（483年）12月下诏禁止同姓为婚的陋俗；太和十七年

北魏玻璃制品

少妇陶俑

（493年）又诏"厮养之户不得与士民婚"。这些诏令，主要强调的是婚姻的程序以及礼仪，借此推动婚姻的礼制化。

其次，孝文帝十分重视婚姻中的门当户对。两汉魏晋时期，高门氏族之间为了维持自己的氏族、威望与利益，多与平级的门第联姻，太和时期也是如此。如李冲与郑羲联姻，李安世与博陵崔氏联姻等。这种门当户对也是孝文帝改革的重要内容。对于咸阳王元禧取了一个"隶户"之女，孝文帝是十分反对的。他感慨地称："前世诸王聘合之仪，宗室婚姻之戒，或得贤淑，或乖好逑。

北魏陶俑

自兹以后，其风渐缺；皆用为叹"。他下令元禧把娶来的女子纳降为"妾滕"，并干脆替他的六个弟弟分别指定了妻室——"长弟咸阳王禧可娉故颍川太守陇西李辅女；次弟河南王干可娉故中散代郡穆明乐女；次弟广陵王羽可娉骑咨议参军荥阳郑平成女；次弟颍川王雍可娉故中书博士范阳卢神宝女；次弟始平王勰可娉廷尉陇西李冲女；季弟北海王详可娉吏部郎中荥阳郑懿女。"在以上被指定的女子之中，除了穆明乐是拓跋族的以外，其他人等都是汉族的高门。

　　孝文帝提倡鲜卑贵族与汉族高门联姻，希望由此而促进民族之间的交流，促进鲜卑贵族对汉族传统文化的理解。同时，合汉通婚还可以把汉族高门的利益与鲜卑族统治阶级的利益结合起来，从而巩固自身的统治。在通婚问题上，孝文帝身体力行，除了皇后本人冯润是汉人以外，他还纳娶了众多汉族的妃嫔以充宫室。他以"范阳的卢敏、清河崔宗伯、荥阳郑羲、太原王琼"为四大姓，"衣冠所推，咸纳其女"。陇西的李冲在当时以才识著称，是朝廷中的贵重，于是孝文帝又娶了他的女儿为夫人。在孝文帝这种思想的影响之下，各族高门都只和汉族高门联姻了。

　　在这次移风易俗中，孝文帝不仅改变了少数民族原本同姓通婚的习俗，同时也把汉族地主的利益与统治阶级的利益紧密地结合起来，促进了民族之间的大融合，也巩固了北魏在中原地区的统治。

须布新令

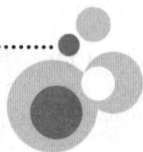

孝文帝拓跋宏吸收了商鞅与韩非子一派的法家思想，以儒家的仁义礼教为核心，形成了自身一套法制改革的思想。他与文明冯太后一起领导了北魏的法制改革，并

北朝墓壁画

戴兜鍪、穿裆铠甲的武士（甘肃敦煌莫高窟285窟壁画）。

且制定了闻名于世的《北魏律》，对北魏当朝乃至隋唐时代都产生了极为重要的影响。

拓跋鲜卑早期是没有成文法的，《魏书·刑罚志》记载，早期的拓跋部"礼俗纯朴，刑禁疏简"，对犯罪者的决遣，都是由氏族首领依据部族自发形成的传统习俗而临时审度的。当时的拓跋部仍旧处于原始氏族公社向阶级公社的过渡时期，氏族内部没有成文法，这自然也证明了当时拓跋部的文明发展程度并不高。随着拓跋部内部贫富分化和阶级对立的产生，拓跋部在猗卢时期开始出现了法律的萌芽。但是，这个时候的法律是严酷而又粗糙的，其主要为了适应战争和掠夺的需要，因此常常以"军令从事"。

北魏建国以后，随着官僚制度的日益完善以及汉族文化的日益渗透，制定成文法成了当务之急。道武帝拓跋珪时期，天兴元年（398年）11月，帝诏"三公郎中王德定律令，申科禁"，"吏部尚书崔玄伯总而裁之"。崔玄伯也就是崔浩的父亲，是清河的汉族高门。这是北魏历史上第一次大规模地修纂法律。这次活动中所制定的

北朝壁画

戴兜鍪、穿裆铠的武士（北魏加彩陶俑，传世实物，原件 ① 现在日本早稻田大学东洋美术陈列室；原件 ② 现在日本京都博物馆）。

法律秉承了"除其法之酷切于民者，约定科禁，大崇简易"。太武帝拓跋焘当政时期也有两次规模较大的立法活动，一次是在神𪊹四年（431年），由崔浩重订法律，这次修改中可以初步看到儒家礼法相互渗透、德刑并用的思想痕迹。第二次是在正平元年（451年），由太子少傅游雅、中书侍郎胡方回等改定律令，增加了共391条条文。文成帝拓跋濬时期，法律呈现出严密苛刻的倾向，社会动荡日益严重。

孝文帝拓跋宏继位之时，法律已经走向了两难——法律是要继续严酷下去呢，还是要趋于和缓？从小饱含儒家传统的拓跋宏毅然选取了后者。他接受了儒家特别是以荀子为首的"礼法并施""王霸兼用"的治国思想，对北魏原有的法律进行了更新与修改。孝文帝总结了李超力道立法与执法的经验教训，他扼腕叹息于秦始皇由于苛政苛法所导致的二世而亡，因此，他"润饰辞旨，刊定轻重"，亲自主持了法律的起草润色，最终制定了《北魏律》。该法律一共20篇，篇目可考据的有刑名、法例、宫卫、违制、户律、厩牧、擅兴、贼律、盗律、斗律、系讯、诈伪、杂律、捕亡、断狱等15篇，条目简明扼要，体例严谨。《北魏律》被隋唐王朝所沿用，在历史上具有极其深远的影响。

任人唯贤

　　孝文帝对于官员的选拔十分严格谨慎。孝文帝的人才标准包括德、才两方面，即所谓的"经行修敏，文思逌逸，才长吏治，堪于政事者"，他特别注重搜罗隐居于野的高人贤士。孝文帝力求在顾及门第出身的前提下最大限度地任用圣明。因此在孝文帝身边，聚集了比前代

　　铜尺：北魏 长30.9厘米，北魏尺较汉尺长七八厘米，这是因为北魏时国家对百姓征收实物赋税，为了多征收而采用大度量衡。

比干像

更为丰富的有才华的汉族儒臣，其中较为重要的有：

李冲（450-498年），字思顺，出身于陇西大族。据记载他"沉雅有大量"，"修整敏惠"，因此很受冯太后及孝文帝的重用，曾任秘书中散、内秘书令、中书令、太子太傅等，在太和改革中发挥了重要的作用。孝文帝无事不过问于李冲，李冲也"竭忠奉上，知无不尽"。君臣之间情意深厚，对于其他官员，孝文帝无不直呼其名的，唯独对李冲尊称"中书"，礼遇有加。

李彪（444-501年），字道固，顿丘（今河南清丰）人。李彪虽然出身贫微，但是却"有大志，笃学不倦"，尤以孝廉著称。孝文帝曾任命他为秘书丞，修撰纪传体国史。李彪曾前后六次被派遣出使南朝。回来后升迁为

御史中丞，对于皇帝的决策常常能直言进谏，性格耿介，受到孝文帝的喜爱。孝文帝曾称赞李彪为"识性严聪，学博坟籍，刚辩之才，颇堪时用"。对于李彪，皇帝也给予了"李生"的尊称。

高闾（？–502年），字阎士，渔阳（今北京市密云区）大族，史记"博综经史，文才俊伟，下笔成章"，曾得到崔浩的赞赏，也同被冯太后与孝文帝重用。初年，帝封为中书令，所有诏令书檄、碑文铭刻皆任命高闾起草。高闾政见独到，曾多次进言，因此被任命为相州刺史。孝文帝曾称赞他，在朝廷之时有"定礼正乐"之功，

比干庙

在州郡则有"清廉公干"的美名，是国家鞠躬尽瘁的忠臣。

崔光（451-523年），字长仁，清河大族。崔光的父亲曾出仕于南朝，崔光年幼的时候也是家境贫寒，然而他勤学好读，富于文采，兼之"有大度，喜怒不见于色"，因此被孝文帝任命为著作郎，参与了国史的修撰。太和后期官至中书侍郎，散骑常侍等。孝文帝盛赏其才，称其"浩浩如黄河东注，固今日之文宗也。"

除此以外，被孝文帝纳入囊中的贤能之士还有很多。在这庞大的智囊团的支持下，孝文帝坚定了改革的决心

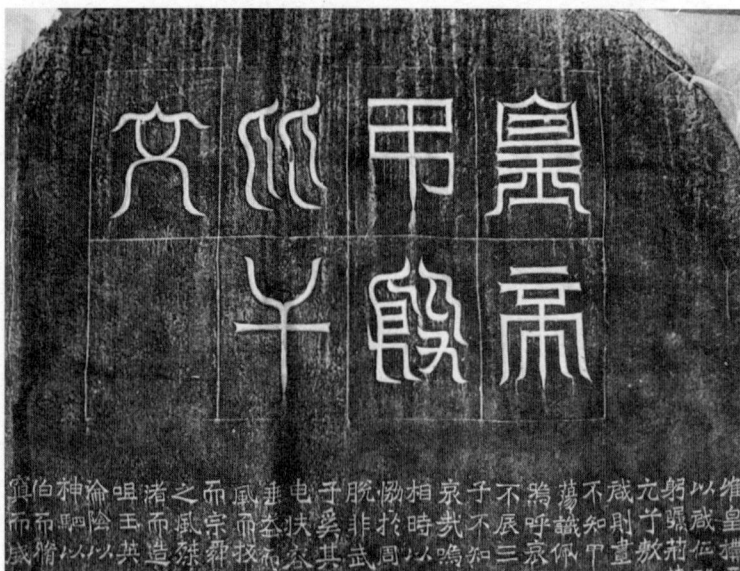

孝文帝亲撰《吊比干文》

鎏金镶嵌红宝石高足铜杯：1970年山西大同北魏遗址出土，高9.8厘米，口径11.2厘米，足径6.8厘米，该器的造型和装饰洋溢着浓厚的西亚风格，当时北魏迁都洛阳前输入的西方艺术品。

与意愿，改革也在他们的协助下得到了顺利的试行。孝文帝在位期间，社会上兴起了尊重知识分子的良好风气——知识分子的待遇高低在很大程度上也标志着一个时代的盛与衰、治与乱。尊重知识分子的民族才是有曙光的民族，尊重知识分子的政权也才能获得长久的稳定。

繁荣经济

  由于政局的稳定，北魏关洛地区恢复了往日的繁荣，这为商品经济的发展提供了保障。虽然战争仍然时有发生，专役户制度对商品经济有着多多少少的阻碍作用，但是由于统治者的扶持与后方的基本安定，对商品经济有利的因素逐渐地活跃起来了。在文成帝拓跋濬时期，国家

北魏骑马俑

日升昌

为了防止官商勾结压榨百姓，曾经对商人有所打击。孝文帝当政后，以相对较为健全的官僚制度——俸禄制、选拔制等肃清了北魏的官僚队伍，解决了官商勾结的问题。与此同时对商人采取了较为宽松的政策。北魏政府相对于前朝而言减轻了商人的赋税，并且对于商人打破地域边境限制的商贸行为采取了一种默许甚至鼓励的态度。

北魏迁都洛阳后，孝文帝设立了铸钱都将军府，负责统一铸钱。货币的统一及铸造体现了商品经济发展的需要。然而由于北方金属矿区较少，铸币原材料供应不足，因此很长一段时间内也存在钱荒的状况。钱荒的出

日升昌庭院内景

现另一方面也是供不应求的结果，因而能从侧面反映出商品经济的恢复与发展。

北魏商业的迅速发展吸引了皇室的参与。据称北魏宫殿内"婢使千余人，织绫锦贩卖，酤酒、养猪羊，牧牛马，种菜逐利"。后来的洛阳大市，"周回八里"，其中"多诸工商货殖之民"，货物琳琅满目，不乏珍品。乃至洛阳城内"俗尚商贾，机巧成俗"。当时凉州的印染业十分发达，可达到一次印染两千匹白绫的规模，那里所印染的绯色，质量被誉为"天下第一"。

那时虽然南北朝相互对峙，但是在相对稳定的时期，商业的发展一点也不逊色于其他朝代。商业有其自身的

流动性、市场性及自发性，因此常常冲破了军事割据及政治分裂等诸多因素，显示出一种顽强的生命力。在和平的年代，南北朝之间常常在边境设有"互市"，即使是在敌对交锋的时候，这种商贸上的往来也时常延续。历史上记载，北魏孝文帝"又于南垂立互市，以致南货，羽毛齿革之属，无远不至"。地方官员也响应号召，北魏官员崔宽在任陕城镇将之时尝以"恒农出漆蜡竹木之饶，路与南通，贸易往来，家产丰富，而百姓乐之"。甚至还有记载，北魏占领了淮河流域以后，"江南无复鳆鱼，或

子贡庐墓

黄釉乐舞图瓷扁壶：北齐 1971年河南安阳出土，高20.5厘米，口径5.1厘米，足径10.1厘米，从其舞蹈者和伴奏者的形象、服饰来看，表演者应该是西域人。

有间关得至者，一枚直数千钱"。正是由于商品经济意识的萌生，当时北魏边缘州郡的官员们"皆无防寇御贼之心，唯有通商聚敛之意"。

孝文帝时期南北朝相对稳定，双方时节的频繁往来也成了通商贸易的契机。北魏"时每有江南使至，多出藏内珍物，令都下富室好容服者货之，令使任情交易。"虽说这种行为带有显摆的意味，但是却也促进了商品的沟通交流。如若没有一定的商贸实力，只怕想显摆也是显摆不出来的。

总之，在太和改革以后，商品经济得到了进一步的发展。商品经济与农耕经济一起支撑起北魏的一片天空。

贸易交流

　　北魏统治者的版图颇为辽阔，向西统治了河西走廊一带，因此北魏统治期间，中西方交流的道路十分通畅，这就促进了各国之间的商贸往来。许多西域人纷纷前来中国经商，买卖西域及中国商品。

　　北魏十分注重与西域的商贸交流，孝文帝在迁都洛阳后，在洛阳城南设置了四夷馆，名为金陵、燕然、扶

虞弘墓内雕刻

《贡职图》中的波斯国使像

桑、崦嵫，其中崦嵫馆是专门用于接待西域使节与商人的。一些西域商人喜爱中国生活而移居到洛阳。洛阳御道以西有四个里，名为归正、归德、慕化、慕义，其中慕义里是侨居和暂住洛阳的西域使节和商人的居住区。侨居洛阳的外国人被北魏称为附化之民，史册记载约有一万多家，其中以西域人最多。西域民族与华夏民族的杂居促进了两种不同文化的交流。在如今出土的北魏时期的陶俑之中，我们还能发现许多西域胡人凹眼睛、高颧骨、高鼻梁的形象。可见中外的交流不仅促进了商贸的往来，同时对于建筑艺术、雕刻艺术、宗教艺术等都产生了重要的影响。

北魏时期，河西走廊一带一直都是贸易最频繁的地区，内地商人经营的店铺很多，有一段时间还通行西域的货币。从西域输入中国的商品种类也极为丰富：农果类中以葡萄、苜蓿、石榴、胡麻、胡瓜、胡葱、胡蒜、橄榄、胡桃为最多；动物类有汗血马、狮子、白象、孔雀、鸵鸟等，此外还有香料、皮毛、毛织品、金银珠宝、玻璃器皿等。由于中国当时还没有掌握制作玻璃的工艺技术，因此输入中国的玻璃是罕见之物，如今出土的一些西域玻璃器皿都是出自重要官员之墓的。1948年在河北景县北朝封氏家族墓中出土了一件网纹玻璃杯，直径10.3厘米，高6.7厘米。杯身呈现淡淡的绿色，杯腹之处

网纹玻璃杯：1948河北景县出土，高6.7厘米，口径10.3厘米，足径4.7厘米。

鎏金银壶：北周 1983年宁夏固原北周李贤夫妇墓出土，高37.5厘米，流长9厘米，最大腹径12.8厘米，足高8厘米。长颈、鸭嘴状瓶口，面对壶口方向的把上铸一胡田头像，壶身腹部一周有浮雕异族人物图像。

伴有三条波纹相互缠绕。此杯很薄，仅有两毫米，有学者们利用先进仪器鉴定，断定此为钠钙玻璃，估计是罗马帝国时期黑海北岸地区的商品。

西域输入中土的器物中不乏金银铜等金属制品。1970年，山西省大同市北魏遗址中曾出土一件鎏金镶嵌红宝石高足铜杯，造型及纹路设计颇具西亚风格。1983年宁夏固原北周李贤夫妇墓中又出土了一件鎏金银壶，高37.5厘米。壶上铸有西域人头像，壶腹之处环有人物图，男女3对，共6人，为当时萨珊帝国流入中土的珍品。

此时，中国向北方输入的商品大致有丝织品、漆树、

桃、李、梨、肉桂、黄连、玫瑰、茶树等。其实，中国
的养蚕技术早在汉代就已经传入于阗了，而这一时期，
养蚕技术继续西进，进入了东罗马帝国境内，并由东罗
马传遍了欧洲。丝织品更成了当时西方世界最喜欢的商
品。

　　值得一提的是，此时的南方也是一片繁华景象。广
州成了重要的港口，是外国商人登陆的主要地点。与南
朝往来的国家有天竺、师子国、波斯、大秦等。波斯人
把琥珀、珍珠等珍贵商品贩卖到中国充当贵族的装饰物，
并向中国输入了朱砂、雌黄、水银、苏合香、毕拔、石

　　波斯银币：1964年河北定州北魏石函出土，直径
约1.3厘米。

虞弘墓石刻

密等药材。据阿拉伯人记载，公元5世纪前叶，波斯湾
及幼发拉底河之上有中国和印度的船只。南朝与罗马帝
国也有贸易往来，从大秦也就是罗马帝国输入到当时中
国南方的商品中，也有大量玻璃器皿。这些玻璃器皿与
在希腊、土耳其等地发现的罗马时期的玻璃器皿是一样
的。经科学家对碎片进行鉴定，发现仍为钠钙玻璃。造
型上颇具罗马民族的特色。晋代葛洪在其著作《抱朴子》

中记载了外国制造"水晶碗（玻璃器）"的事实，并显示当时的广州已经掌握了玻璃的制作工艺。据《南史》记载，南朝刘宋时大秦帝国曾经派遣使节携带各种玻璃瓷器皿到达建康，不久后又派遣一技术工人至中国，授以"炼石为水晶"的工艺。制作玻璃的技术由此传入了中国。

　　商品贸易的中外往来需要客观上不自觉地达到了促进中外文化交流的结果。虽然此时的中国正处于南北对峙的僵局之中，然而，南宋与北魏政权内部的相对稳定却也为百姓活跃于中外商贸市场提供了必要的前提与环境。这为紧随其后即将到来的隋唐盛世商贸高潮作出了酝酿于铺垫。

虞弘墓内石刻具有中亚风情

《齐民要术》

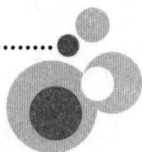

　　两千多年的封建土地私有制度决定了中华民族两千多年以来对农业技术开发的注重。农业，在大河文明的国度里永远是支撑起人类繁衍与生存的最重要产业。中国是一个有着丰富农学遗产的国家。早在《诗经》里，就有我们祖先关于农业经验的记载，而战国时代的《吕

北魏黑陶

氏春秋》更是有《上农》《任地》《辨土》《审时》四篇关于农业科学的论文，到了两汉《氾胜之书》《四民月令》等农业专著也相继出现了。由于《氾胜之书》与《四民月令》已经散佚，因此，现存最早的农书，是成书于北魏末年贾思勰的《齐民要术》。

贾思勰，山东益都（今山东省寿光市）人，曾任高阳郡（今河北省高阳县）太守。贾思勰曾明确指出了其

贾思勰画像

撰写《齐民要术》的指导思想："采捃经传，爰及歌谣，询之老成，验之行事"。正因为贾思勰十分注重理论与实践相结合，因此其书具有很强的指导意义。《齐民要术》，顾名思义，即平民谋生的主要技术。贾思勰十分注重农业生产技术的提高，他认为农业是"富国"的根本，要实现国富民安，必须依赖农业，依靠农民。他曾经称赞晁错等人"贵五谷而贱金玉"的观点，也曾批判腐朽的王公贵族对农事不闻不问的态度。《齐民要术》一书由序、杂说、

彩绘舞蹈陶俑：北齐 1987年河北磁县出土。

北魏出土陶俑

正文三大部分组成，一共九十二篇，分成十卷，正文约七万字，注释约四万字，共十一万字。

《齐民要术》所涵盖的内容不仅包括农作物的栽培技术、农产品的贮藏技术、农副产品的加工技术，还包括了土地的保养方法等。它为农民在生活生产中的实践提出了许多切实可行的方法：

《齐民要术》十分重视中耕锄草的作用。贾思勰认为及时锄草既可以防止水分蒸发，也可以提高粮食产量，还可以提高农作物质量。该书指出，谷、黍每种可锄三到四次，胡麻、大豆只要锄两次。头锄时，由于苗小，因此适宜浅锄；二锄则要深，是为了促进发根；等到根

北齐 弹琵琶陶俑

系发达了，三锄、四锄又要转浅了，因为深锄了容易损伤根系。

《齐民要术》还提倡轮作制，因为不同的作物之间可以互相适应。土壤中往往蕴含的养分不是单一的，每种作物都有几种特别需要的养分。假如在实践中只种植一种植物，则容易导致土壤养分的缺失。实行轮作可以巧妙地避免这一情况的出现，提高土地的利用效率。书中说，小豆的上茬适宜种植麦子，瓜的上茬适宜种植小豆，而葱则对应绿豆。除了轮作制度以外，贾思勰还描述了套作的方法。

在肥料方面，贾思勰特别注重绿肥的作用。他指出，用过豆科作物为化肥的田地里，谷子的产量能提高。秋天时耕种长着茅草的田地，最好能让牛羊先行踩踏，然后再深翻。这样草埋在地里作肥料，就像施过了粪肥一

北魏墓葬出土文物

103

样肥沃。

在种子的淘汰方面，贾思勰也有着深刻的认识。他反对品种的混杂。这样谷物成熟时间会迟早不一，且舂米时会出现出米率降低、煮饭时米饭夹生夹熟的情况。为了防止品种的混杂，农民必须粟、黍、稷、粱、秫每年分别收获。收割时要选择长得好的，色泽纯净的穗子，贮藏时要单独存放在高处，等到春来播种之时则要单独下种。这些方法一直沿用至今。

北朝壁画《本生故事图》，纵30厘米，横25厘米。

　　《齐民要术》所提及的北魏时候的蔬菜品种已经极为丰富了。蔬菜品种30有余。对于当时最常见的蔬菜——瓜、芋、葵、蔓菁、蒜、韭等25种蔬菜贾思勰都详细地总结了栽培的技术。他指出，种植时共同的方法是："粪大水勤"，即基肥要足，追肥要勤，灌溉要勤。只有这样才能成熟得快，产量提高。

　　在果木的种植上，《齐民要术》也提出了许多宝贵的经验。北魏时期已经开始种植枣树、樱桃、葡萄、李、杏、梅、梨、栗、榛、奈、林檎、柿、石榴、木瓜等多种作物了。贾思勰又就这些果木的种植描述了播种法、栽植法、插条法、埋条法、嫁接法等。尤其是嫁接法，《齐民要术》对其做了最为详细的说明。嫁接法又称为扦插法，能够让果木缩短结果的时间。一棵梨树一般需要5年才可结果，使用了扦插法则可以把时间缩短为3年。书中指出扦插最好选用棠木或杜树作砧木，砧木要粗壮，嫁接最好选在树木刚发芽的时间，嫁接时为了防止砧木破裂，可在树桩上先缠上麻绳。

　　贾思勰的《齐民要术》不仅反映了北魏前后几百年间社会的经济面貌、生产水平，同时也总结了前人许多宝贵的生产经验，体现了我国劳动人民高超的智慧与勤劳的作风。

北朝民歌

南北朝是中国文学史上民歌发展的又一高峰。当时这些民间的作品，最主要是由乐府收集的，因此后人称之为"乐府诗"。这些诗集在宋朝郭茂倩所编的《乐府诗集》中分别隶属"鼓吹曲""相和歌""杂曲""清商曲"

敕勒川

"横吹曲""杂歌谣辞"等六大类。而北朝的民歌则大部分保存在《乐府诗集·横吹曲辞》的《梁鼓角横吹曲》中，此外在《杂曲歌辞》和《杂歌谣辞》中也有一小部分，一共约七十首。

横吹曲原来是马上演奏的一种军乐，因演奏的乐器有鼓有号角而得名"鼓角横吹曲"。随着南北文化的交流，北方的歌曲陆续地传入南方，齐、梁以后常常把这些曲子用于宫中娱乐，因此被梁代的乐府机关保留了下来，由此而名之"梁鼓角横吹曲"。北朝的民歌大多都是北方少数民族歌唱的，在《折杨柳歌辞》中有唱："我是虏家儿，不解汉儿歌"，这就证明了这一点。而在众多的歌曲当中，又以鲜卑语的歌词最多。这些歌词后来被翻译成了汉语，如熟为后人所知的《敕勒川》：

敕勒川，阴山下，天似穹庐，笼盖四野。
天苍苍，野茫茫，风吹草低见牛羊。

此歌虽极为简短，却把浩瀚苍茫的草原美景描绘得淋漓尽致，其境界的恢宏壮阔都是千古歌曲中难以比拟的。《乐府诗集》称："其歌本鲜卑语，易为齐言，故其句长短不齐"。北朝的民歌虽然数量不多，却内容极为广泛，它反映了社会生活的各个方面。由于以鲜卑族为主

温子升墨迹

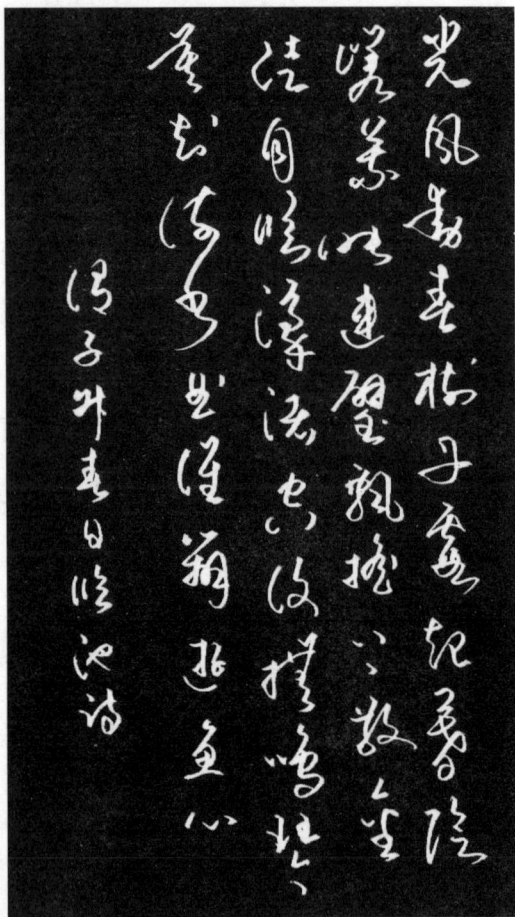

的北方少数民族生活习惯与生活环境、情调都与婉约的
江南有异，因此北朝民歌的风格是与南朝民歌大相径庭
的。南朝民歌的代表作是《西洲曲》，此曲婉约清丽，写
江南、忆江南、梦江南，极尽了传统汉人描绘情景之美
——"开门郎不至，出门采红莲。采莲南塘秋，莲花过
人头。低头弄莲子，莲子清如水。置莲怀袖中，莲心彻

底红。忆郎郎不至，仰首望飞鸿……"而北朝的民歌则不然，它壮阔，它也凄美，它写旅人艰苦的生活：

> 陇头流水，流离山下。念吾一身，飘然狂野。
> 朝发欣城，暮宿陇头。寒不能语，舌卷入喉。
> 陇头流水，鸣声幽咽。遥望秦川，心肝断绝。

它也写战争的残酷：

> 陇上壮士有陈安，躯干虽小腹中宽，爱养将士同心肝。蹀骢父马铁锻鞍七尺大刀奋如湍，丈八蛇矛左右盘，十荡十决无当前。战始三交失蛇矛，弃我蹀骢窜岩幽，为我外援而悬头。西流之水东流河，一去不还奈子何！

还有一些民歌是反映穷苦人民饥寒交迫的生活以及不合理的社会现实的，如："雨雪霏霏雀劳利，长嘴饱满短嘴饥""快马常苦瘦，剿儿常苦贫。黄禾起嬴马，有钱始作人。"这些民歌充满着下层百姓的幽怨激愤之情。北朝的民歌即使是写婚恋爱情的，也和南朝民歌有所区别，北朝民歌更为通俗质朴："侧侧力力，念君无极。枕郎左臂，随郎转侧""腹中愁不乐，愿作郎马鞭。出入擐郎臂，跕坐郎膝边"；北朝民歌也更为泼辣大胆："天生男女共一处，愿得两个成翁媪。"这些民歌直率朴素，丝毫没有忸怩作态之感，它真实地反映出劳动人民的想法与愿望，与南朝的民歌一唱一和，共同构成了"刚""柔"并重的时代民歌风貌。

值得一提的是其中最为著名的长篇叙事诗《木兰诗》。《木兰诗》成功地塑造了花木兰这个不朽的文学形象，她原是一位待字闺中的少女，然而却具有孝顺父母、热爱祖国的优秀品质。在国家抗击柔然的危难时刻，她能够挺身而出代父从军。男扮女装的花木兰在战场上立下了汗马功劳，然而她却不留恋于"赏赐百千强"，当可

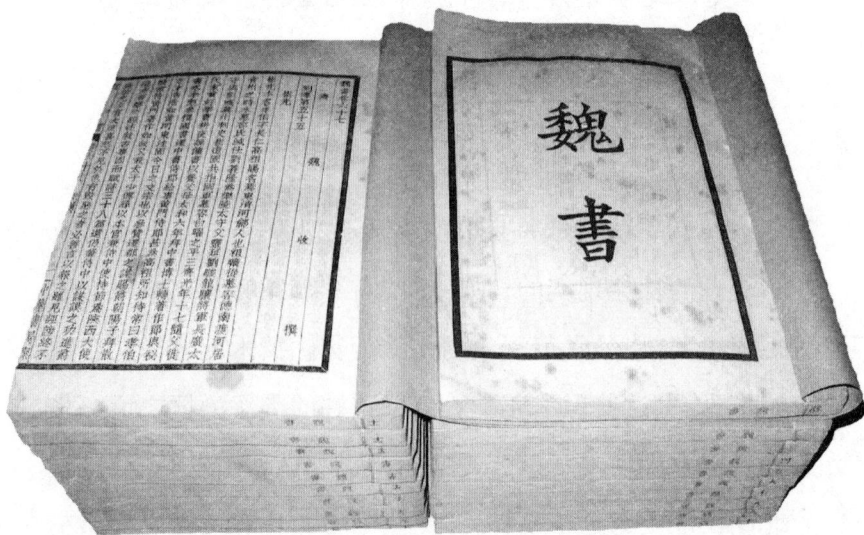

汗问她想要什么的时候，木兰只是"愿驰千里足，送儿还故乡"。花木兰的形象，是古代人民理想的化身，她集中了中华民族勤劳、善良、机智、勇敢、刚毅、淳朴的诸多优秀品质，是一个有血有肉的英雄形象。这样的一个女性英雄形象的出现，在男尊女卑的封建社会里，显得尤为珍贵。后来据考证，这场战争是发生在献文帝拓跋弘时代的。

北朝民歌的繁盛，在一定程度上弥补了士人文学的沉寂。虽然北魏在迁都洛阳后北方的文坛开始逐渐复苏，出现了北地三才、庾信等文人墨客，但是他们的作品却远没有这些民歌来得可人、亲切。

官学浮沉

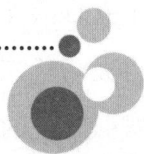

在南北朝时期，教育分为官学、私学以及家学三部分。其中官学又分为国学和州郡学。国学则又包括了太学、国子学、中书学等等。由于儒家经典是此时期教育的主要内容，因此，上述的教育事业又可称为经学教育。

嵩阳书院

嵩阳书院

自两晋以来，经学教育就一直是官学的正统。"晋初承魏制，置博士十九人。及咸宁四年（278年）武帝初立国子学，定置博士祭酒、博士各一人，助教十五人，以教生徒。"两晋对于经学的重视与司马氏出身于经学世家有着直接的关系。当时的官学成了经学发展的重要基地，它不仅为朝廷培养输送了一大批统治者需要的人才，同时也激发起民间部分士子学习经学的热潮。在西晋灭亡以后，北方的少数民族统治者们也纷纷效仿，经营经学的热情并没有减退——前燕慕容儁"立东庠于旧宫，以行乡射之礼"，并"亲临东庠考试学生，其经通秀异者，擢充近侍"，导致了"学校渐兴"。慕容儁自己也"亲临太

麦积山峭壁上的洞窟

学，考学生经义，上第擢叙者八十三人"。后秦的姚苌，
"下书令留台诸镇各置学官，勿有所废，考试优劣随才擢
叙"。至于汉人自己建立的政权就更是如此了，无论是河
西的张轨，西凉的李暠，还是北燕的冯跋，都曾下令营
建太学，选拔人才。

北魏延续了历史的遗韵，从政权建立一开始便十分
注重官学的建设。在代国被苻坚灭亡以后，苻坚曾让什
翼犍"入太学习礼"，这是拓跋鲜卑统治者最先受经学濡
染的发端。北魏立国以后，道武帝拓跋珪"始建都邑，
便以经术为先"。天兴二年（399 年）3 月，"初令《五

经》诸书各置博士，国子学生员三十人"。道武帝本人亲自"释菜于先圣、先师"，并"集博士儒生，比众经文字，义类相从，凡四万余字，号曰《众文经》"。他还在平城城西三里处，雕刻《五经》的石碑，从邺城石虎文石屋取长石六十枚，每块石头都有一丈长。又在城郊修筑太学，专门为拓跋鲜卑的贵族子弟们提供教育。除此以外，统治者还专门为皇族的子弟设立了"皇宗学"。到了孝文帝时期，官学就更被重视了。特别是在迁都洛阳以后，汉语被认可为北魏的官方语言，儒学经学的地位被提高到了空前的高度。孝文帝"置国子、立太学，树

麦积山最大的一尊佛

远眺麦积山

小学于四门"，建立起了比前朝更加复杂、完备的教育体系。

州郡学在此时也得到了一定的发展，北魏的地方办学甚至还超过了南方。北魏天安元年（466年）9月，统治者初立乡学，并设置了博士二人，助教二人，学生六十人。后来又"诏大郡立博士二人，助教四人，学生一百人；次郡立博士二人，学生六十人；下郡立博士一人，助教一人，学生四十人"。这些政策虽然并非在每一个州郡都得到落实了，但是却也在很大程度山促进了经学的发展。许多官员被派遣到地方，都响应皇帝的号召，在地方积极办学。办学的成效也作为他们政绩考核的标准之一。北魏高祐在担任刺史时，"以郡国虽有太学，县、党宜有庠序，乃县立讲学，党立小学"。张恂担任常山太守时，也"兴立学校，亲加劝厉，百姓赖之"。北魏时期，虽然门第依然森严，但是却仍旧保留了汉代举孝廉的做法，太和年间许多裨益于政治的大官，如李冲者，都是通过此种方法走进中央的。虽然出身低微者在朝廷中所占的比重不大，但是寒门参政情况的存在，仍旧深深地刺激了当时散落在民间的士子们。因此，北魏时期，地方上学习经学的风气丝毫不逊色于王畿之地。

在官学的带领下，民间的私学也被带动起来了。私学与家学呈现出一派如火如荼之势，成了经学发展的真正支柱。

层层相叠的麦积山石窟

改革得失

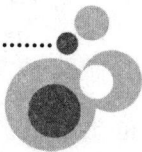

　　太和改革在历史上的地位丝毫不逊色于其他盛世朝代的任何一次改革，它以少数民族统治者为主导、以汉族地主为依靠对象，巩固了岌岌可危的鲜卑政权，复兴了儒学礼教，促进了民族大融合，具有深刻的历史内涵。而孝文帝本人的改革思想，不仅指导了北魏从政治、经济、法制到文化持续多年的改革运动，而且从长远而言，它对于继承和弘扬中原儒家思想文化传统具有独特的地位与深远的影响。

　　太和改革极大地缓解了拓跋鲜卑的统治危机——均田制、租调制与三长制减轻了人民的负担，缓和了社会矛盾，发展了农业生产，使百姓逐渐开始安居乐业；删酷刑、办俸禄、定姓族、改官爵则从政治层面规整了门阀制度、提高了行政质量；变语言、改服饰、定姓氏等则促进了民族的交流与融合，推动了中华民族的进步与发展。孝文帝的改革涉及的领域极为宽广，所取得的成效也极为煊赫。五胡十六国时期不乏少数民族改革运动，然而从深度、广度以及成效而言，没有一个改革能够与太和改革相媲美。这些少数民族在争夺北方土地的同时也都多多少少地推动了本民族的汉化进程，他们建立起一套吸引和选拔汉族士人的制度，利用他们谋取利益，却都未能从根本上解决少数民族贵族的门第问题以及他们与北方汉族高门的结合问题。因此，汉族士人在核心集团里所发挥的作用是极小的，这些政权的性质也都仍然是少数民族的贵族政权。唯独孝文帝改革能够正视以

五台山菩萨顶宝殿

五台山菩萨顶山景

上的种种亟待解决的门阀问题，使北魏成为一个以拓跋贵族为主、拓跋贵族与汉族地主阶级共同合作的政权。如今当我们以静止的历史观来看待太和改革时，仍旧能顺手拈来以上的诸多好处。

如我们所知，魏晋统治集团建立以来，天灾人祸一直都不曾间断。为了逃避腐朽的政治势力，许多儒学大家都隐身于泉林之中，闭口不论时政。他们或佯装烂醉，或装疯卖傻，或致力于玄谈躬耕，却丝毫没有入世的兴趣，兼以此时逐渐繁衍的道佛之学的冲击，儒家的思想文化遭受了严重的打击。许多儒学大家流落民间，在极度艰苦的条件下钻研经义。在南朝，虽然也有许多文人

名士，然而由于玄风太盛，世家大族与政权也过于腐朽，这些名士最终都没能成为儒学大家，更未能对中原产生足够的影响。这一状况直到孝文帝当政期间才真正地得到改善。孝文帝以最高统治者的身份，重新确立了儒学在北方的至尊地位，大量选拔汉族士人，提高汉族大族的社会地位，使颓靡不振了百余年的汉族传统文化重新焕发了迷人的光彩。

嵩阳书院：位于嵩山南麓、登封县城北。创建于北魏孝文帝太和八年(公元484年)，时称嵩阳寺，至唐代改为嵩阳观，为道士修行之所，嵩阳书院在历史上曾为佛教、道教场所，后为儒家传道讲经之处。

　　《隋书·儒林传》认为，孝文帝改革以后，北方儒
学的发达甚至已经超过了南方："暨夫太和之后，盛修文
德。搢绅硕学，济济盈朝，缝掖巨儒，往往杰出。其雅
诰奥义，宋及齐梁不能尚也。""南人约简，得其英华；
北学深芜，穷其枝叶。""北方儒学，多遵汉儒之说，异
于江左的杂以玄学。"《隋书·文学传》还把北魏与南朝
的文学作了深刻的对比，指出："自汉魏以来，迄乎晋
宋，其体屡变"，"彼此好尚，互有异同。江左宫商发越，

南朝青瓷羊圈

菩萨顶：位于山西省五台山灵鹫峰上，金碧辉煌，绚丽多彩，是五台山最大的喇嘛寺院，也是国务院确定的汉族地区佛教全国重点寺院。菩萨顶始建于北魏孝文帝时，称"大文殊院"。唐太宗贞观五年(631年)，僧人法云重建，称"真容院"。宋景德年间，真宗敕建，设文殊像，赐额"奉真阁"。明永乐年间，真容院"敕改建大文殊寺"。明朝以后至今，一直沿称"大文殊寺"。

贵于清绮；河朔词义贞刚，重乎气质。气质则理胜其词，清绮则文过其意。"文中指出，当时南北方的文学各有特色，南方延续了魏晋时期的绮媚婉错之风，极尽铺陈之奢华，而北方则注重文质并重，质朴自然。"重乎气质"的风格对于改变魏晋两汉以后纯粹注重技巧、形式而忽略实质的绮靡文风具有重要的意义。太和以后，北魏文

厚胎北魏中期莲花手观音造像

坛逐渐复苏，出现了一些对后世颇具影响力的作品，如郦道元的《水经注》、杨衒之的《洛阳伽蓝记》等。

总之，孝文帝的改革思想与实践多方面突破了前代各少数民族所具有的思想水平，无论是过去，还是未来，都值得我们以之为鉴，以明得失。然而，历史上任何一位伟大的改革家，其思想与实践总是会不可避免地暴露一些弱点与缺陷。即使是一代明君孝文帝也不例外。

首先，在军事上，孝文帝采取了"轻北重南"的战略。北即北镇，是北魏为了防御柔然进攻而在北边设置的一些军镇，原来有拓跋贵族和中原强宗豪族镇守，待遇殊为优厚。然而在迁都洛阳以后，北魏的统治中心南移了，北镇的防御战略系统也逐渐被忽略了。孝文帝把一些有勇有谋的战将调往洛阳镇守国都，却派一些平庸之辈，甚至徙边罪犯镇守边关。这些无能之辈在边境搜刮民脂民膏，他们因为待遇低微、返乡无望而产生了不满的情绪。最终在宣武、孝明帝年间在"北镇大饥""六镇大饥"的导火索下爆发了声势浩荡的守卒起义，揭开了北魏末年人民大起义的序幕。而孝文帝本人在正统观念的影响下，一直念念不忘一统南北。他不顾大臣们的反对，无视双方实力的对比，屡次轻率南征。连年的征战不仅打破了战略的平衡，而且削弱了北魏的国力，更导致了拓跋宏本人积劳成疾，病死在南征的途中。

其次，在处理阶级问题上，纵容贵族阶级的腐败。孝文帝为了取得广大鲜卑贵族对改革的支持，常常对皇室宗族的言行采取纵容的态度。他曾直言："朕变革之始，事从宽贷。"拓跋贵族和汉族大族犯法，只要不涉及谋反一类的，常常能被赦免。如南安王元桢"黩货聚敛，依犯论坐，将至不测"，孝文帝仅仅削除了其官职，让他以庶人的身份归第。本来是想禁锢终身的，但不久以后又让元桢官复原职了。如是的例子不胜枚举，致使太和后期，贪污、受贿、舞弊之风又日渐风行，统治阶级高层的腐败达到了让人触目惊心的地步。

其三，在继承人的培养问题上，孝文帝明显没有给予足够的重视。统治者身边的得力助手大多是冯太后时期选拔出来的，而孝文帝本人过分注重门阀等级观念，导致了许多出身寒门的有志之士无法跻身统治集团的核心。因此，在李冲等大臣去世以后，改革的力量被大大地削弱了。在培养皇位继承人的问题上亦如是。孝文帝

孝静陵

迁都洛阳后连年忙于南征，疏于对后宫妃嫔、子女的关爱，这不仅直接导致了他本人家庭生活的惨淡，也直接导致了在他驾崩以后偌大一个北魏王朝后继无明君的局面的出现。

最后，对于改革鲜卑旧俗，历史上历来是存在争议的。假如我们的目光仅仅关注当时，诚然太和改革促进了民族的大融合，并且极大地提高了拓跋鲜卑这一少数民族的素质素养。民族大融合的结果必然是不同民族的共同进步与社会的和谐发展。然而，在汉化改革以后，鲜卑这一少数民族便逐渐地忘记了本民族的语言，消泯了本民族的风格特色，乃至淡忘了本民族的风俗习惯。从发展的历史观来看，这的确是一种进步。然而从民族多样化、民族丰富性的角度而言，这何尝不是人类文化的一种损失呢？经过了千百年的寻觅，我们在辽宁省发现了一些鲜卑的遗民——锡伯人。然而，锡伯人对于祖传的许多传统，保留下来的已经是微乎其微了。

纵然缺陷不少并且一直存在，争论热议也不曾因为时间的推进而消退，但是孝文帝的改革思想与实践所能给予我们的启发却不能因瑕疵而被废议。以镜为鉴，可以正衣冠；以人为鉴，可以明得失；以史为鉴，可以明事理。